El Presente bajo luz agrietada

ÆREA | *selección personal*

Subhro Bandopadhyay

El Presente
bajo luz agrietada

[antología personal]

Versión del autor,
Chus Pato y Víctor Rodríguez Núñez

891.41 Bandopadhyay, Subhro
B   El Presente bajo luz agrietada / Subhro
        Bandopadhyay -- Riells i Viabrea : RIL
        editores-Ærea | Selección personal, 2025.

        130 pág. ; 23 cm.

        ISBN: 978-84-10248-51-9

        1 POESÍA BENGALÍ. 2 LITERATURA DE LA INDIA.

ÆREA | *selección personal*

Serie fundada por Eleonora Finkelstein y Daniel Calabrese
Edición al cuidado de Paco Najarro

EL PRESENTE BAJO LUZ AGRIETADA
Primera edición: mayo de 2025

© Subhro Bandopadhyay, 2025

© De la traducción: Chus Pato y Víctor Rodríguez Núñez

© Ærea, 2025

Un sello de RIL® editores
SEDE SANTIAGO DE CHILE: Los Leones 2258 • CP 7511055 Providencia
☽ (56) 22 22 38 100 • ril@rileditores.com • www.rileditores.com

SEDE VALPARAÍSO • valparaiso@rileditores.com

SEDE ESPAÑA • europa@rileditores.com

Composición e impresión: RIL® editores
Diseño de colección: Marcelo Uribe Lamour
Imagen de portada: Pablo López

Impreso en España • *Printed in Spain*

ISBN: 978-84-10248-51-9
Depósito Legal: GI 630-2025

Para Kate y Víctor
Para Chus y Manolo

Y para Bhaswati

Esta antología contiene la mayor parte de los poemas que escribí entre 2009 y 2022; hechos mayormente en bengalí y recreados en español, y algunas veces hechos en español y recreados en bengalí.

Es una muestra de mi poesía que intenta dialogar en profundidad con una de las corrientes de pensamiento ateas de mi país, la India, y quizás la más influyente en el mundo, el budismo. Un diálogo inabarcable, casi imposible para un ser ordinario como yo, que sin embargo ha tenido la osadía de intentarlo. Porque a fin de cuentas lo que aprendí en estos años, a través de mis lecturas de los textos iniciales de la epistemología budista, es que cada uno por muy minúsculo que sea puede aportar su grano. Desde las instrucciones, imposibles de seguir desde luego, para vivir una vida sin dolor, hasta la explicación del vacío del filósofo más importante del budismo indio, Nagaryuna, resultó, aún resulta, una inmersión absoluta en un mundo que se sostiene fundamentalmente por el poder de la palabra y la sintaxis. Reitero, es el pensamiento sin dios (o más bien *darshana,* visión en sánscrito) de nuestros primeros pensadores lo que me atrajo, no la religión que se formó posteriormente.

Sin embargo, estos no son poemas abstractos. Resultan más bien la crónica de la existencia de un ser nimio, que trata de vivir sin perderse en la vorágine.

Nací en una India bastante más pobre que hoy, como parte de una familia de la clase media. Mi padre era un marxista convencido que terminó muy amargado, lo que le llevó a un suicidio a fuego lento con el tabaco que fumaba sin parar. De hecho, toda la familia de mi padre, sus ocho hermanos (con altos estudios, por cierto) e incluso sus padres, sufrieron una tremenda depresión en términos actuales. Todos eran o son (tres siguen en este mundo) adictos a alguna sustancia. En la casa familiar de mi padre, yo, de niño, vi desde el opio hasta el licor de arroz más barato. Esa casa me quedó como un símbolo de decadencia iluminada a 60 vatios. Una casa enorme donde vivían seis personas a merced de la fortuna que les dejó su abuelo, un abogado de éxito en el High Court de Calcuta durante el período colonial. Pero en los años ochenta del siglo veinte ya no quedaba nada. Incluso, empezaron a vender los muebles y adornos de la casa, y al final la casa misma se vino abajo. Mi padre huyó de ese mundo, mucho antes de casarse con mi madre, al encontrar un trabajo digno en un banco estatal, pero no pudo salir de la adicción (quizás no lo consideraba un vicio, como la mayoría de los jóvenes de los años 1970). Por otra parte, mi madre era una mujer mucho más tranquila, observadora, y venía de una casa obrera. Pero, eso sí, tenía una formación universitaria que le dio cierta libertad. En verdad, nunca vi a mis padres muy enamorados; tampoco los vi peleándose.

Los genes probablemente me hicieron un observador de la oscuridad y su cronista.

Al mismo tiempo esos genes me hicieron un lector vivaz. Mi padre tenía una biblioteca de la cual me beneficié desde temprana edad. Empecé a leer libros en bengalí, lengua con una vasta tradición literaria, desde que tenía cuatro años. Mi madre me daba libros infantiles, también en esa lengua, así como revistas para niños y adolescentes. El placer de leer, insisto, me llegó desde muy joven.

La poesía también me llegó a través de mi padre. Luego empecé a escribir, como todos, en la adolescencia.

El problema fue cuando estaba en la universidad, en 1998, a los diecinueve años. Aunque ya tenía algunos poemas publicados en revistas prestigiosas de Calcuta, era estudiante de la facultad de biología. A pesar de su fe en la libertad y sus lecturas, mi padre me obligó a estudiar esa ciencia, para la que realmente no tenía cabeza ni corazón. En un día de crisis existencial, leí una antología de Rainer

María Rilke, traducida al bengalí por un poeta notable de los años 1930, y también sacada de la biblioteca de mi padre. En el prólogo el traductor describía a Rilke como alguien que quería ser poeta en cada momento y en cada acto de su vida, y esto me marcó. Supe entonces que tenía que ser escritor. Una semana después de esa revelación, participé en una excursión que formaba parte del plan de estudio, unas prácticas de biología marina en la costa oriental de la India. El profesor nos alertó sobre las precauciones que debíamos tener. Dijo que teníamos que evitar tocar los animales con pieles coloridas, las ranas más brillantes, los peces más atractivos, porque eran venenosos. Yo en vez de su voz oía los versos de Rilke: "lo bello es el comienzo de lo terrible", y ya no hubo manera de salir.

En 2002, me propuse vivir de manera hermética con la poesía, e hice una lectura intensísima de poetas del mundo entero.

Dejé toda la esperanza de ganarme la vida con un trabajo a base de lo que había estudiado, y me puse a dar clases privadas a adolescentes de cualquier materia que conocía. Pero en unas semanas me convertí en un ser espectral. De la depresión me salvó Pablo Neruda y el descubrimiento, en mis horas perdidas en la biblioteca de mi padre, de la historia de la comunicación entre Juan Ramón Jiménez y nuestro ilustre bengalí Rabindranath Tagore. JRJ y su esposa Zenobia Camprubí le escribieron numerosas cartas al poeta ya famoso, que nunca contestó personalmente sino por medio de su secretario y solo en un par de ocasiones. Estas lecturas las hice en bengalí e inglés, y me conmovieron mucho: mi ser de 23 años se imaginaba en la piel del joven JRJ luchando contra el molino de Tagore.

A partir de 2002 también empecé a respirar en castellano.

Me entregué a estudiar la lengua de Cervantes y, en un año y cuatro meses, llegué a hablar lo suficiente para servir de intérprete a Raúl Zurita, que llegó a Calcuta para inaugurar la FIL de la ciudad, donde Chile era el país invitado por el centenario de Neruda. Así me sumergí en la lectura de la poesía escrita en castellano. Confieso que trabajé de traductor de español para exportadores, porque a un poeta del brumoso tercer mundo nadie le iba a prestar el Château de Muzot. En 2007 recibí una beca del gobierno español, pasé una temporada en Madrid, y allí me di cuenta de que mi español era calcutense. Crucé por fin el proceloso mar de las diplomaturas oficiales. Esto me dio confianza para postular a la Beca Internacional Antonio Machado de Creación Poética, que por puro azar gané. Pasé seis meses en Soria, y la estancia me conectó con esa ciudad para siempre. En su biblioteca pública devoré toda la poesía moderna que había. Así continuó el constante aprendizaje poético, ahora a través del español. Aún intento confrontar cuán distinta es su oscuridad de la del bengalí.

No sé si he encontrado una voz propia, pero sí sé que seguiré en esta búsqueda. Algún día tal vez encuentre mi poesía, una chispa de imaginación de la que nazca un unicornio o un venado de oro, como le pasó a los poetas de antaño.

Subhro Bandopadhyay
1 de octubre de 2024
NOIDA, Región de la capital nacional de India

I
La autobiografía
[2021]

1

Mis pasos han abierto una senda
entre la autobiografía y yo
Nos saludamos con un sonido apagado
como una fruta pesada
intensamente tropical
                              que al madurar estalla

En su pulpa amarilla están unidos
la infancia y su Presente

Las autobiografías suelen ser prolijas
confunden al poeta con su infancia

Disfruto a distancia de todo esto

Enciendo en secreto un cigarro
preguntándome cómo la gente puede
dormir con facilidad
en los viajes largos

2

La autobiografía lo borra todo
—el té mezclado con café soluble
en el andén del viaje invernal
la casa que salta hasta la puerta
el barrio y sus perros callejeros
que saben la hora del último metro
buscan husmeando el Presente

No esperes
            sigue tu camino
aunque el miedo ajeno te obligue a silbar

Al igual que la abuela viuda
amaba sus flores blancas
todavía tienes esa habitación
donde guardabas las sombras

Encontrarás la terraza
Respira
      fuma si quieres
nadie te observará en ese punto
Lee poesía clásica subrayando con el lápiz

3

La autobiografía prefiere la descripción
de una estación de tren vacía
la llegada del estío
la semilla fibrosa del algodón
en un vagón abandonado

La verdad es que la narración
y el entorno sin colores
son una tarde que come un pescado
y exalta el Presente
en el plato de arroz de color hueso

Me detengo y elijo lo que viene del mar
la zanja del sueño que agita el lenguaje

El mediodía es un insecto
dentro del ámbar añejo del delirio

Vuelvo y arranco el temblor
con una pinza

4

La autobiografía es aquella tarde de locura
de cabeza pesada que recuerda
la noche de vómitos como si un perro rabioso
hubiera mordido la pierna de un mendigo ciego
Entre la sangre y el músculo abierto pálidamente
queda la posibilidad de cambiar el sentido

Me detengo en el Presente que
insiste en ofrecer un gorrión a la boca felina
Aquí quiero devorar la placenta abandonada
de mi madre
                negando mi enfermedad
la de querer estar violentamente solo

5

La autobiografía quiere el pasado
los días de huida que arrancaban con violencia
            el músculo el hueso y su Presente
            fragmentando la luz decembrina

En la encrucijada
busca un reptil casi extinto la escama
que es suya e hipnotiza la sombra

La piedra que lanzas hacia ese animal
se tiñe de sangre oscura

El atardecer de color óseo
en este país sin invierno
rastrea un suspiro que huele a óxido
en cada ducha

6

La autobiografía sabe que la mangosta se adapta mejor[1]
    a cualquier situación extrema
    husmea la piel mudada de la serpiente

Nadie mirará atrás en el Presente
    la calle siempre lleva a la gente necesaria
    hacia su trabajo y elaboración

Me detengo en las fauces del felino al huir con su caza
en el silencio de una avispa cuando se apacigua
Así de seguros nos sentimos en la lengua materna

7

Quiero alejarme de la autobiografía
la carne trémula de las flores de verano
la gente que dejó los renglones tersos
por la senda frondosa que va al parque
la sombra en forma
de garra de algún pájaro parduzco

El Presente espera un relámpago quieto

¿Cerraría la ventana ante la lluvia?

Después de aplastar más sombras y gorriones
voy a llenar la noche entera
la mano y el calendario
sus fechas intactas
de color marrón
        yermo

---

1   Entre los otros animales, según la evolución.

8

La autobiografía es una calle errónea
desde el vientre de la tarde
anula violentamente todo lo vespertino

El fragor perpetuo de los neumáticos
contra el asfalto húmedo
de la constancia

La luz y la arena en el reloj
Su Presente intercepta lo superficial

La mente cárnica quiere arrancar
el deseo de correr de cada músculo

No se puede ver más adentro

El lenguaje es hechizo

9

La autobiografía sabe que el pez
más brillante también apesta
Cada vuelo asfixia
                        el sueño también puede
tener un cadáver dividido en dos partes
Pasa una ferrovía por el medio

La cabeza husmea sangre
en cada objeto metálico
llega la fiebre
el miedo a un abril
                        con demasiado frío

La ciudad
          la ciudad apestada la cubre
con piel de serpiente
la luz brillante se refleja en su escama
los insectos y su Presente

me empujan a huir
Mis gritos congelados caen
sobre cada posibilidad del fuego

La víscera de los cadáveres
y el aullido de los perros asustados
son para aves cazadoras

10

La autobiografía quiere
arrancar las pesadillas de extinción
desde los fósiles
hacer la autopsia a la Historia
y su Presente

11

La autobiografía sabe que la Historia
es un cuervo cautivo en una caja de cartón
Junto a la luz solar que seca el charco
vive el deseo de la lluvia

queremos el pasado
aunque el Presente es propiedad
de la gente que tiene un país
alguna flor de color arenoso

La creación de una nueva senda
que pierde su color rojizo
hacia el estanque grande
se convierte en la convicción
de tener una clínica rural

el insecto que ruge oscuridad
sobre la luz del candil
deja una estela crepitante

un ala rota se parece a la risa clamorosa
de las adolescentes que pedalean su bicicleta
al comienzo de una lluvia repentina

12

La autobiografía es la hora de las hormigas carnívoras
justo después de la destrucción de su colonia

Es la tarde de la barca atrapada en un cauce seco

La imaginación de un estanque donde los animales
vienen a lamer la sal

13

La autobiografía coloca una mañana fría en la sintaxis
olvidando el tiempo y sus noticias
Aprende a esconder que la Historia es un horror
igual que el color lunar de los peces envenenados
en el estanque natural

14

En la autobiografía los sabios
enloquecen tranquilamente a cualquiera
Yo me hago su Presente

El cerebro de un cazador sabe que la vida
es una luz que sale de los ojos
del animal muerto tras recibir la bala

15

La autobiografía observa que mi boca
es la de una rana
como la que se encuentra
en un libro de preparatoria

La verdad está clavada en la bandeja
víscera diseccionada

El Presente es viscoso
quiere dejar el sabor
de algún insecto extinguido en la boca

Al igual que a la madre
le sube la leche tras parir un niño muerto
yo mantengo la fe en la lengua

II

El autorretrato

[2021]

1

Esta residencia es un símbolo
Este entorno es como el de un violinista ciego
En esta ciudad cada autorretrato es un espejo
en el que hay otras personas
con espejos en la misma postura

Llega el mar absurdo
                        las barcas pesqueras
aplastan el polvo de miles de espejos

Cada reflejo se hunde
En el cuerpo pálido del pez
destella el plenilunio
el verano y el deseo de volver a casa

2

El autorretrato no reside en ninguna ciudad
Cada nostalgia es un hilo de sal
Guardo distancia
La edad contiene los calendarios extintos
El peso de la sombra sopla una hoja seca al caminar
La residencia es un símbolo
una calle empinada
                        un músculo duro
el escalofrío repentino bajo la sudadera

3

Cada voz es de sombra
Tras aceptar esta verdad
el autorretrato se ha hinchado
Cada conversación es un empalme
entre la sombra y el fuego

Resuena la crepitación

La noche entera se convierte
en una oreja que desea escuchar
el relámpago que agrieta la raíz del baniano

4

La noche es una oreja
que desea escuchar al autorretrato
entre los arbustos
en un lugar pétreo y vacío

Se ven algunas botellas de miel abiertas
hay insectos atrapados en el ámbar meloso

Un niño al lanzar la piedra horadó el ojo del cuadro
El viento intenta levantar
las hojas húmedas
la piel mudada de la serpiente

5

El autorretrato envuelto en un calendario
con fechas llenas de fragor

La Historia es una máscara
para espantar al húmedo viento del mediodía
Nos acecha con su verdad atigrada
siempre sobre el manjar destella

Me detengo oigo el alborozo
cada pájaro se convierte en colibrí
sobre la flor de fuego

Tomo el camino opaco hacia una imagen
La claridad es algo propio de los buzos
que saben tañer la luz bajo el agua

6

La cadencia del grano de luz
salpica el cristal roto
del marco del autorretrato

Es la grieta que destella
Es el lienzo
de la sombra ametrallada

Sólo el color se pierde
Irrepetibles seres queridos
hormigas sobre el manjar de ayer

Es el dibujo que alguna vez sirvió
de base entre la geometría fogosa
del encono y la lengua pétrea

7

El autorretrato hendido carece de convicción
suspira ante la blancura del muro suave
que ofrece el fuego

No es el momento de los ausentes
ni de los presentes
el río corrompe la ceniza de lo continuo
para establecer la huella erosionada
de la sombra

8

Todo tiene sombra incluso la combustión
Crepita el autorretrato su prodigiosa verbosidad
No hay felicidad ni tristeza
El latido que llenaba los pasos
se quedó como un fragor
Bajo luz agrietada se reconoce
que la historia es un espanto

9

Habría que inventarlo todo
delante del autorretrato
dentro del marco roto con las astillas
de cristal esparcidas en el césped

El nihilismo nos conduce
la respiración que rebosa y fluye
como una luz perforada
hacia la bóveda del fuego
en la cúspide de la sombra

10

No hay descenso ni ascenso
Es la estancia estrepitosa
delante del autorretrato
acuchillado irreversiblemente

Suena el fuego que fluye
Una fina sombra todavía perturba
el calor intensísimo

11

La llovizna destiñe el autorretrato ya dividido
El ardor pierde la inmediatez
La corporeidad es un mero destello

12

El contacto entre el yo y el autorretrato
Una hebra de ceniza
Seguimos en la ráfaga húmeda
del acontecer
                    estremecido

13

El autorretrato detenido
todavía conserva las líneas básicas del lápiz
La corporeidad es cegadora
como si hubiera prescindido
de lo perenne
de ese hilo de fuego
aún tendido entre nosotros

III

La autoagresión

[2022]

Son músicos que saben distinguir el sonido
de la madera que crepita

«Animales de Benarés: Los perros»
Jesús Aguado

1

El momento de la autoagresión es un círculo
que a sí mismo se devora
al igual que los animales de crematorio en las riberas
saben distinguir el crepitar de la pira y el del hueso
pueden desde el gris alcanzar el amarillo de la llama

Entiendo con claridad que el pánico
es el único factor que me empuja hacia adelante
y también comprendo que el aislamiento
no tiene paisaje exterior

2

Comprendo que es mejor no pedir nada
La autoagresión es en realidad la carne recién cortada
Aún palpita su rojo cálido en el cerebro antiguo
violencia eterna

Aún resta la jauría de los ruegos

Los nombres permanecen en los registros
mucho tiempo después de la muerte

3

Queda claro que la autoagresión y yo
Nos destruimos mutuamente

El mediodía de neuronas torcidas
se queda colgado
como una cuerda sucia

Es la quietud inalterable
que marca la dirección
de un astrolabio

4

Nos perturba el sueño de sombra
picado por agujas
La avispa es la luz espigada
en la ventana al amanecer

Cualquier intento de cambio
en el corpulento estar de la Historia
es una autoagresión infinitamente violenta

Vislumbro: en vez de inventar
tengo que dedicarme a descubrir

Me aconsejo ser más peligroso

IV

LA AUTOLIMOSNA

[2022]

1

Lo que no percibes
eso lo agarra la forma
pájaros de sintaxis en bandada
sus alas sangrientas
destruyen la intuición
como un sueño que ha sido desconcertado
la mañana ha remitido
una luz espigada en forma de avispas
sobre la piel
Salió la sombra picada de la autolimosna

2

La autolimosna quiere cazar
el deseo de vivir de un hombre maduro
        consumido por la enfermedad
Quiere juntar el sonido de la fruta caída de la boca
        del murciélago sobre la hoja del jambolán
al plenilunio
al ombligo indestructible e impersonal sobre la hoguera
que te devuelven junto con la ceniza
en un crematorio sobresaturado de cadáveres

3

Cada uno tiene su razón
la ciudad y su destrucción
Hastinapur Nínive Aquiles Abhimanyu
De la misma forma el cuerpo consumido por la enfermedad
        quiere escuchar la lengua materna
        porque la autolimosna no acepta
la cara humillada de su propio ser

4

La autolimosna sabe que todo perdura en el delirio
tras lesionarse con trozos de sueño roto
los ojos se hinchan

5

Queda claro que justo después de recibir la noticia
    de la muerte
        el polvo de cristal que se siente en los pulmones
        y a búsqueda de lo último del difunto
en realidad es la autolimosna

V

LAS INSCRIPCIONES BUDISTAS
Y OTROS POEMAS *SHRAMANAS*[1]

[2010-2011]

---

1   Shramana o shraman: Sustantivo. El monje budista, el sabio errante, el aprendiz de budismo.

1

Me abro hacia adentro con los ojos cerrados
Hay piedras fruncidas que se ven
bajo la silueta de los cuerpos sombríos

En lo ebrio de estas tardes
de entretiempo caluroso
palpas en mí
la blandura del barro en las orillas

Cada día dos cuerpos densos trepan
sobre peñas sin inscripciones
con la sabiduría de los ciegos

2

La lucha es contra la inmovilidad
Pero no pienso en el aire que se quemó antes de tocarlo
Palpo con los dedos en la silla la existencia del color
la sensación es distinta lo obvio
Sólo la forma
                    Desde las neuronas hasta el pensamiento
nada niega el tacto

3

¿Hacia dónde va el tacto?
El shraman escribe *día*
Se encuentran al subir los momentos horas segundos
Lo abandonado
¿Y si llega veneno en vez de miel a los recuerdos?
Sólo ver a distancia
                    Delante y detrás
Hay una cortina enfrente
                    no se ve el color

Sólo se ve un rectángulo blanco en medio
En este ver sin límite escribo
que la concentración sea más blanca
En cada letra

4

La letra es una piedra
¿Qué es escribir
                    las inscripciones?
¿Este intento de cavar y de llenar es la acción de oponer?
El *shraman* lo medita todo sin esfuerzo
Hay un niño allí
Un estanque con un insecto sobre el agua
¿Cómo es mi reflejo en los ojos del insecto?
                                ¿Una hoja caída?
Lo inmenso se extiende delante de un artrópodo
soy un trozo de esos ojos compuestos
El tacto
        escribo todo esto sin exagerar

5

No tengo dentro una columna de quietud
sino un nido del instante
Hace mucho que se prohibió gritar
¿por qué no pudimos comenzar entonces?

Pongo la arena y el verde de los mares sobre
la lírica después de limpiar
la polvorienta mentira añado los momentos
en su cuerpo

No existen ríos históricos
dentro de los fósiles

6

Fuera de los desvíos en el cerebro hay un continente
nuevo por completo o una astronave
No

    quizás es mejor un pájaro de forma nueva
que no tenga plumas fugaces de cuchillo
quizás es mejor una mesa
materia, contra-materia, *sara,* la esencia
Saranath[2]

      stupa[3]
La piedra no sólo es quietud
ni contiene el mar en cada gránulo que brilla

¡Ay! un golpe de frescura
Una meditación llega del fulgor antiguo

7

No sólo resalto el momento de la salida de *Sidhartha*[4]
sino también el día del *Bodhi*[5]
¿Fue una tarde?
El cielo de piedra sobre el pecho del verano feroz

No se pueden tocar estos atardeceres

En algún lugar un sacerdote hindú pobre se baña
hace su ceremonia
          ¿ha caído alguna hoja de mango
en el nombre de su hija ya mayor para casarse?

Estas tardes se esconden como un pariente enfermo
de cara a la gente ocupada en construir el mundo

---

2   Ciudad en la India antigua donde Buda enseñó por primera vez.
3   Literalmente significa montón; en budismo, stupa es un monumento.
4   Nombre real del Buda.
5   Es el día en que Buda llegó a la sabiduría.

¿Dónde está mi país?

No hay brillo ni lágrima en los ojos entreabiertos
El *shraman* escribe con fuerza sólo
el momento de la salida del viejo sacerdote
el movimiento

8

He vivido con *vinaya*[6]
lejos de las esquinas prosódicas

Cada vez que los recuerdos intentan
perforarme con sus imágenes los detengo

No es el aire ni otras cosas conocidas
tampoco es el vacío prorrogado ni prolongado

Ofrezco
            un puño lleno de polvo
lo echo sobre el atlas —donde llueve—
para que se moje como nosotros

9

Vivo sencillamente
Interrumpo los recuerdos
si quieren entrar con sus imágenes
No es el viento
tampoco es el vacío

---

6   Vinaya: en sánscrito y en pali significa disciplina. El Vinaya es el
      marco textual para la comunidad monástica budista. Las enseñanzas
      de Buda, o Buddhadharma pueden ser divididas en dos grandes cate-
      gorías: "Dharma" o doctrina, y "Vinaya" o disciplina. En el bengalí
      moderno también significa modestia.

ni los rezos ni los días espinosos
sólo echo un poco de polvo seco
sobre el mapa de las zonas lluviosas

que se humedezcan como nosotros
con los pulmones sumergidos en
el fulgor del cuchillo

10

Regreso desde los océanos antiguos
y rompo la promesa
rompo la sílaba rompo la voz
El momento
                La mínima vibración
el vuelo del sastrecillo
no es el aire
                no sólo es lo que se oye
Al otro lado del oído
la presencia endurecida
la letra la roca

11

Esto es el periplo del *shraman*
un intento de separar violentamente
la carne de la sombra
y adosarla al cuerpo

Sólo un salto desde las raíces
el movimiento
                lo movido

12

Pienso en cómo cambia lo contado
según el versificador
Lo narrado y lo frío
¿Se oyen los toques?
¿Los escalofríos que esperan frente a
un adolescente que tiembla
que sigue midiendo aún el vacío en sus labios de barro?

No sabemos si hay algún movimiento
al otro lado del arroyo
Todavía empujo las piedras que están
en sus riberas

hacia el cuerpo del cauce

13

Sabíamos que esta ausencia de sombra era inevitable
Las temperaturas altas sin oscilación
sobre una piedra dorada son la nueva ciudad

No pudimos nombrar lo incoloro y desértico
que entra por la ventana
porque no lo teníamos en el diccionario
Sólo unas palabras blancas sacudieron el cristal al alba
¿qué más pudo pedir nuestra estancia rota?

Separé el prefijo del nombre
pronuncié el signo
el que vive en las sílabas fuertes
escribí otra palabra

posibilidad

con pájaros y árboles desconocidos
en las estrofas cortas junto a la velocidad
de la sintaxis

para que formen un mapa
al que llamaremos *dharma*[7]

14

Ofrecí el espejo al reflejo erosionado
cuántas veces me degradé para obtener placer

La escena de una mañana nublada
varias mujeres muerden manzanas en la parada de autobús

El sudor que se inmovilizó en la grasa de la cintura
la carne de manzana y el diente

la lengua la saliva los pétalos de violencia lisa
un poco de sangre
se mezclan con la fruta el sabor y el saborear

En la morgue esto se repite hasta el infinito
el seno los muslos y las palmas cubiertos por la sábana
un libro sagrado de edición barata
los ojos cerrados antes del rigor

Cada vez que me rodea la inmovilidad
las neuronas exhaustas
pienso que el conflicto dialéctico
es un árbol metálico
en cuyo tronco muerto se aplastó la visión

polígama

---

7   Dharma: Significa la doctrina en budismo.

15

Sólo pienso en los símbolos antiguos
La historia de nuestro matrimonio

¡un puñado de azufre!

El cuaderno que tengo delante no me emociona
el horizonte del verano tropical no me llama hacia
    un jardín
lo que veo es el camino y las mujeres recién casadas
que son recibidas en la puerta de su nueva casa
Para entrar tienen que coger un pez serpiente

estas tardes son escurridizas
vuelve el *raga* de cristal con la fragancia de la alhucema
el deseo ofrece
la melodía lenta de la tarde

es el movimiento leve de la libélula en el agua
el aroma denso al lado de las ondas leves
el monzón de cobalto

¿Se llama así la alegría
sin reencarnaciones?

16

Las calles cubiertas de cristal
La hora es tal que cada tacto crea un reflejo
Si te despierta el sonido de las hojas
verás que eres el azul de Prusia
¿Quién es este *vikshu*[8] delante de la vela y la desnudez?
Soy el testigo de la prometida
Escribo herido en vez de ojos
Escribo herido en vez de árbol
Si un viento de cuchillos nos rodea
se paran los nacimientos

---

8   Vikshu es un mendigo errante, un Shraman.

17

Ya sé cómo la sangre pesada y el barro modelan
los hechos reales se queda la línea plateada
los movimientos desgastados
Habrá mucha gente a quien le guste la playa
porque allí el silencio significa mar
y la ceguera cielo
Pero yo me quedo en mi línea
con mi crecimiento biológico
que no tiene más gloria que la sangre
No sólo temo las punzadas
también tengo miedo de la sal

18

Desapareceré dentro de la crueldad cotidiana

Después de pensar esto miro hacia fuera
noviembre está construyendo su nido al lado
de una música azul ves no estás en ningún lugar
eres la violencia
          la luz nos regala
la inquietud de los ojos de los pájaros
¿qué queda entre nosotros? ¿las letras cursivas?

Si vivimos en un túnel de música
el instrumento favorito es el calor vital

Cuando ya no se puede rasguear
¿me notas aún cariñoso en el atardecer delgado?

Miro hacia mis arrugas marcadas
hacia el hogar al que ya no se puede volver

En las calles en las que la casa estaba viva
no queda nada más que una cinta que huele a guayaba

¿Por qué no rebosan los buzones de esta ciudad sin carteros?

19

Pienso en los amigos
antes de marcharme sin avisar
creo que el silencio depende
totalmente de las heridas

En las tardes
con el té de costumbre
allí no estás
una violenta
luz perpendicular cae
sobre las canciones conocidas

El cuerpo de la canción significa
un descanso húmedo
la ciudad que dejé

Sólo transitan los camiones pesados
por las avenidas manchadas de acrílico amarillo
no se oye nada más

Es el sosiego de las tardes monzónicas
justo después el gato empezará a escarbar la tierra

El ámbito nos construye
una columna fría y densa
Noviembre mete su lengua
en la habitación de las perpetuas acusaciones
Se ve la saliva metálica
encima de las piedras molares

20

He levantado este pequeño monte sordo
he pensado en el *shraman* que medita
también tengo algunas preguntas
¿Por qué estoy despierto? ¿Por qué las flechas
y técnicas del mundo
van hacia mis hijos?
¿Por qué me quedo en esta muchedumbre de palabras
    erróneas
con la lengua amargada al tocar el polvo de los atardeceres?

La tarde tiene el color del vientre de un cuervo y vuela
    en espiral
¿Qué lejos está vuestro brillo?
No queda nada de los tactos ya
sólo queda esta escultura de cuerda y cuchillo
al lado de lo eterno

Aun así no dejo nada voy caminando
por la sed de estar de los compañeros
un ferrocarril cubierto de gorriones

Mi cuerpo se cubre con espejos que deseo
Aun así hablaré con los pájaros que el azogue refleja
hablaré sobre la falta de espacio
Hay un día que espera
una tarde de *shudh sarang*[9]

---

9   Shudh sarang: un raga o un modo musical de la música clásica india,
     para cantar o para tocar por la tarde.

21

Caminamos sobre un césped cubierto
por cristales
¿Por qué es obligatorio esconder
la humedad de las tardes sin preguntas?

Te marchaste muda
y una serenidad ocupa tu lugar

De tu nombre solo resta
la presencia

22

He clavado los trozos de un espejo roto
dentro de tu nombre
No queda nada que investigar
nada de las respuestas
nada sobre las direcciones

¿Es suficiente esta piedra para ti?
Eres solamente el recipiente

La ausencia

23

Sólo queda tu instante
el resto ya es vapor sobre el tiempo
hay sequedad fuera del año

Nada importante sólo limpiábamos
las algas de la jaula antigua antes de sacarla

No buscamos el sabor sino la comida
con la rapidez de los pájaros
cuando ven la llegada de otro animal mayor

La gente camina con espejos grandes por la calle
y tú saliste para escuchar

VI

[2014-2016]

1

¿Ya llega el vacío?
Hace un rato tenía una senda para caminar descalzo
calurosa y seca la tarde se extendía
Estaba despierto con la ilusión
de escuchar el rumor de las hojas muertas
Me consuela estar más allá de la mentira

2

Me quedo clavado en la tierra seca
sin desprenderme aún de la ropa
Sigo royendo los colores
y me llena la palidez de una raíz cortada

¿Es también verdad?

3

Piensa que mi inclinación hacia lo artificial
me mete repetidamente en un túnel
Mi saliva me impide hablar
intento hacerlo con la sintaxis mojada
pero una ducha cubierta de plástico me rodea

La mañana
          una tela de seda arrugada pero todavía con colores
¿quién deja dulces en el camino de salida?
¿podría recrear ese sabor?

¿Podría recrear un camino que perpetuamente me lleve
hacia un estanque del verano tropical
donde la carpa escondida respira lentamente?

Así nace el papel de la mentira dentro de mí
las cajas vacías de pastillas

                              los letreros de nombres rotos
Sólo cuajan las tardes en la calle
pero los edificios no abren sus ventanas

4

Algunas caras arrugadas rotas sin colores rodean
la sombra breve de un hombre sin aniversario de boda

Pudre el camino imprevisto penetrando el lenguaje

¿Por qué una planta trepadora está cubriendo lo dicho?

¿Los vehículos sin usar están llenando la escritura?
Pienso a dónde ir ¿a lo más fácil a la forma ya hecha?
Este abril que excava el mediodía ¿es la quietud?

5

Cada día me alejo más
El camino que está fuera de las palabras muertas
¿nos lleva hacia un estanque?
¿Por qué sólo me pincha la espina de este arbusto?
Dispersan los libros letras y sintaxis que me sostenían
La existencia es algo que quiere levantarse tragando
    los papeles
¿Por qué me persigue la música erosionada?
¿Por qué encuentro huellas mojadas en el camino a casa?
La quietud tropical de las cuatro de la tarde
El Raga Hamsadhwani[1] es la libertad
Deposito todo mi desorden sobre la raíz elevada
¡Ay árbol! Columna sin neuronas
¡Ay templanza! El atardecer

---

[1]   Hamsadhwani es un raga de la música clásica india que se toca al
       atardecer.

6

El camino se descompone a ambos lados
Nada queda salvo esta habitación
y algunos pasos firmes más allá de la puerta
Algún sonido de llaves

Este hábito tiene nombre propio
                              regreso al hogar
Me convenzo de que no hay nada de que asustarse
Todas las tardes de canciones se han vuelto cajas de cartón
Su marrón absorbió las melodías

Una cabeza gacha y algunas hojas manuscritas rotas
se mezclan en el balcón del segundo piso
un acero gris pálido y pesado llamado atardecer
Podría haberme ido ya
¿Por qué escucho aún voces
en estas casas sin puertas?

7

No comprendo lo que simbolizan estas casas
Heridas perpetuas en la piel y retorno perpetuo desde
    el umbral

Me asusta saber que me conozco
Permanezco aquí incluso después de terminar
el entierro de papeles viejos y de aquel montón de lana

Este parque esta sintaxis rota que lo devora todo
Línea de la imaginación que adelgaza cada día
y un cuerpo de acero en la duna

Una mano de cristal

Me hace feliz saber que
nunca voy a ver la verdad

8

Todas las hojas de cera se mojan
¡Ay! ¡Qué ribereños son esta flor y su estremecimiento!
Papá un diálogo contigo me pone ante
una estatua de Lenin flotando Danubio abajo

Has visto también cómo el alga ataca
una voz musical
cómo este camino nos llevó a la *vistaar*[2] larga y dura
de *Shudh Kalyan*[3]
Una tarde pura tú te ibas hacia un tiempo no nacido
Te esforzabas en moverte en ese barrio viejo
que abría las ventanas
iluminadas por el color amarrillo del opio y el color
    del cromo
ibas hacia este parque rodeado de edificios
Reducías a ti mismo
cada entusiasmo para no regresar a casa
se llamó noviembre
un 1989 que rebota frente a ti

Yo espero en ragas cambiantes
En una carretera ancha y en una cárcel cubierta por ropas
    de colores
No puedo comprender por qué hay tanta agua
No sé por qué un barco relumbra bajo la luz de una tarde
    radiante

---

2   La parte más extendida de la melodía de la música clásica india.
3   Es el nombre de un raga que se toca por la tarde.

Me recuerdas que nunca tuvimos colonias
por falta de madera adecuada
con la que construir barcos

9

Si veo algún peñascal me pregunto
¿las casas ya se han hecho estrechas?
¿A dónde han ido
                        desde cuándo está cerrado todo?
Todas las calles están en el callejón sediento del verano
Así su falta de palabras me sitúa delante de un muro
casi blanco el resto provoca la quiebra poco a poco
por falta de agua ¿busco su reflejo?

La voz es un trozo de fuego en todas partes
La tarde cosida o la lengua de claridad
dejó las alas de un insecto dentro de los libros antiguos

Pienso en los caminos cubiertos de hierba
Paso a paso se eleva
la plataforma de un puerto
en el ocaso que lleva el color de la madera muerta
¿Por qué pinchan las espinas mi pie?

10

Así el mediodía se hizo una columna
En su esquina me prolongo sin sombra
desde el vacío

11

No es nada sólo un suspiro sin reacción
y el polvo de cristal que subió con él
que llenó la memoria con un olor a pescado

¡Ay un ocaso para reposar!
Una columna de quietud en el camino construido
¿No sabía que la senda para salir es estrecha?

12

Levanto la cabeza
todo a mi alrededor se llena con deseos frágiles
Pero lo frágil no puede establecer un diálogo
Se podría enmoquetar con periódicos
en lenguas desconocidas esta calle asfaltada
       y repleta de hojas mojadas
¿podrían devorar este vacío?
La bicicleta apoyada en el lado opuesto
       de la luz ¿querría salir?
¿O sólo se quema mi propio color en la pared?

13

¿Quieres dejar las llaves en algún lugar?
¿Quién te detiene en la salida llena de puertas?

De esta manera se construye una caja enorme
Penetra la luz de venganza
Nuestra propia calvicie
Los diálogos están rodeados de ardillas aplastadas
en el hemisferio de pasos construidos
El alfabeto se queda abandonado en la cama con compás
Una programación que nunca se cursará

14

Sólo veo un trozo
Flota un tiempo que quería ser
        una tela de color naranja
Hay un campo asustado con juegos regidos
        al cerrar los ojos
Hay un marrón que huele a pescado
todavía palpita lentamente sobre
la madera del barco en abandono
Todo eso es el atardecer

¡Qué paso tan vivaz tienes!
Nace la primera semilla
de la lengua sin espejos

15

Me siento delante de un muro
Mis pulmones convulsos se relajan
        con olor a normalidad
El suelo de barro seco ya lleva
        el color de la bilis después de fregar

En esta columna de quietud
¿abril lleva el amarillo de las avispas?
¿Por qué no somos capaces de escribir sus llamas entonces?

16

Este callejón es un ardor
La quietud abandonada es la columna del atardecer
Lo edificas aplastando la palidez de *yamrul*[4]

---

4   Syzygium samarangense. En algunos lugares es conocido como la manzana de Java.

El regreso significa una casa en construcción
algunas plumas que huelen a sangre

¿Por qué demonios quiero escucharme?
¿Por qué cubro los pañuelos con risa?

17

El árbol del talento está atado con acero
en este atardecer de papel pálido de conflictos
Levanté los obstáculos para que pasasen por las venas
La lengua sabe a hongos
Te imagino como la decisión final
En el lugar donde termina la búsqueda y empieza el calor
Allí en el parque siembro un folio
Sin lengua materna

18

En la calle por donde bajamos
hay algunas puertas con el marco roto
Nuestras cabezas se inclinaban allí cada día
Todas las sin-respuestas
se cubrían con la risa loca de las mujeres

19

Aquí veo algunas vidas rotas
cuando la espina de calor rompe la mañana
            de papel con su rigidez metálica
La senda que atraviesa el desierto con ataques
sobre esta línea trazada que lleva su núcleo
            pedregoso y ribereño
Pienso que es el lugar para destruir

las tendencias antiguas
El insecto que se aferra al árbol sin ramas
      ¿me daría el color necesario?

20

El amor hace que me coma las uñas
que se agiten mis dedos
y me deja en la lengua y en el habla un sabor
      áspero y desconocido
Después que escribo la palabra espera arrugo el papel
se lo lleva el aire como se lleva
el sonido de la risa que desaparece en la llovizna
Quiero que todo esto ocurra fuera de mi cuerpo

21

Había carne dispersa
      cubierta por una tela que nadie había tocado
Pregunto ¿alguien reía?
¿Por qué el viento no desviaba los diálogos?
Había casas ya avanzaba su construcción
Había una fe respirábamos en la tarde
¿Por qué una y otra vez la abandonamos?

Hay algo opaco que se crea lejos de este túnel de imágenes
Hemos perdido la fe en la santidad del río
ese que tiene el color de la ceniza
La adolescente envía su sonrisa tímida por el móvil
¿hay alguien al otro lado?

22

Me cuesta hablar del mar
El atardecer hizo crecer la hierba entre los raíles
los amigos ya no estamos allí

Retornan las letras cáscaras secas
las llamaremos diálogo
Nacen vuestros viajes
lejos de mi deseo
una necesidad brutal de descanso

Hay temporal el árbol metálico de la costumbre
No sabemos si volverán o no
Dentro de los libros la lengua bengalí queda
            aplastada como una polilla

23

Este noviembre de peluche cabizbajo
            dentro la quietud
algún sonido del atardecer nos hace comprender
            que estamos en un mundo conocido
La hora segura de sí misma nos habla de componernos
A veces cuaja un racimo de sintaxis
pero no lo expresamos

Los movimientos desparecen paulatinamente
Rebosa la hierba en la senda
En frente hay una casa áspera como el grito
nuestra inquietud no nos deja verla

24

Aquí ya no quedan letras
Hay algunas grietas secas en este horizonte
      de la lengua rojo y áspero
Mira cómo la tierra chupa la neblina
Como si no hubiera nada que hacer
la madre no piensa con claridad
delante del padre que va a morir
este noviembre no puede poner lo blando
      de la niebla ahí

Guardamos silencio y caminamos con pies de plomo
veo que llegan las hormigas naranjas carcomiendo
      el cauce de la lengua
¿Cómo libramos de sus mordiscos
sus larvas y sus hormigueros?

25

Me pregunto si puedo escribir algo
en esta lengua débil y acurrucada
Poco a poco el globo se llena de gas
me confunde la hora cada día
la noche y la cena
¿Podría poner sobre mis fechas alguna marca de agua?

Le tengo miedo a lo que hablamos
¿Cómo es posible que las calles no quieran llevarme
    a casa?
¿cómo es posible que se conviertan en mi hogar?

26

Me reitero cada vez más sobre la salida
Pero el hábito crea una columna delante

¿Puedo domar la palabra *miedo* alguna vez?
Entiendo que la compañía es algún campamento de
    refugiados
sólo se ve la luz dentro
                     un globo inflado de papel

Hay alguien que habla
pero no hay conversación

27

Nos hacíamos cada vez más nimios
Nuestros hijos eran de papel
Nuestras letras eran hongos sobre un tronco muerto
Confiábamos en todos aquellos
que llegaban de fuera

En el arbusto de las normas crecieron más normas
Las normas hicieron irreconocibles nuestros rostros
Nos separaron despacio
Creció una columna
Creció un mediodía de ceniza
La hierba cerúlea
cubrió esa separación

Pensamos en un barco
Llenamos los viajes
con su palidez

28

Esta calle es arcilla es de las termitas es de las hormigas
        carcomida por el agua
Ahora abril sólo huele a lata oxidada
Algún tipo de viaje nos lleva al abismo
¿Quién hablaba de colocar una lámpara en la proa?

Nacen las cigüeñas de cera
No hay ningún tipo de sabotaje en las orillas
Clavé las agujas en los saltamontes
decoré con ese verdor las riberas

Este barco sin sombra se aleja paso a paso
del idioma masculino

29

La ebriedad de mayo me ha traído hasta aquí
Lo marrón se hizo cada vez más oscuro ¿Es la piel?
¿O es que este camino en el que falta
        el lenguaje está lleno de baches?
¿Huele a taller de alfarero?
La tierra se endurece ¿Se hará más dura todavía?

En la vasija sin cocer recién moldeada
cuelo una palidez tímida

Ahora el comercio buscará el baniano
La madera regalará la lejanía sin ahogar

El camino se refleja en el espejo cuando te pintas los labios
¿Volverá a casa?

30

¿Qué es lo que susurramos?
Si el partido gobernante deja cadáveres en los arrozales
los habitantes de la ciudad ¿lo creerán?

Nunca he deseado que llegue el frío
Sólo cuando el hueso se entumece
la mano quiere agarrar algo
Se desliza sobre la piedra

Hace un día de perros
desgarran las entrañas
un camino huraño
¿Qué buscan?

VII
Hacia la ausencia
[2017]

(A MI PADRE)
[1949-2006]

Nuestra lluvia endurece.
Intento no hablar de la semilla que germina
          intento hablar desde el sueño del lenguaje.
El día crece hacia ustedes, quiero irme.
Espero que esta estancia sea una pausa publicitaria.
En esta ciudad los días nos asustan
no hay plumas que floten,
una pelota metálica atraviesa el césped.

Yo hablaba contigo.
Envenené tus tardes impecables sin querer
pero tú me escuchabas y no respondías.
Yo seguía destrozando tus canciones.
Los elepés rotos crecían sobre el cuerpo de la tarde.
El cuerpo vacío de una armonía errónea me penetraba.
Aunque llevabas un cuaderno de apuntes
          algunos silencios te rodeaban todavía.
¿Es posible un diálogo entre generaciones? ¿Abrir el pestillo
          hacia mi propia época?
La tarde es un amigo
al salir de su casa escuchas cómo se burla de ti.
No entiendo por qué siempre hay un libro que vuela
          hacia tu tiempo.
Unos pájaros ciñen el regreso a casa.
Las calles son caóticas y crueles como el juego de los niños.
El árbol de violencia, el albergue de violencia.

Recuerdo tu capacidad de escuchar
pienso en los susurros y las cartas de Gramsci
en sus páginas marcadas con periódicos usados.
Tu fidelidad a las lecturas que te formaron
son cajas de partituras.

¿En qué podías pensar hojeando tus folios amarillentos
cuando ya toda armonía había sido descartada?

Para llegar aquí he cruzado un campo de espinas
estoy contigo pero no pertenezco a tu época
junto con los discos y vinilos de canciones perdidas
      y la imagen de un cantante folclórico.

La existencia es esta tarde que arrojó
      el invierno en la ideología.
No sé cuánta nostalgia sientes al escuchar hoy
      a las 3 de la tarde esta música vieja
arropado con una manta ligera de color marrón.

Ya no busco más. En el verano desértico ya ni siquiera
      se me eriza el vello.
Sólo la codicia de ser sociable me deja una cinta
   fosforescente.
¿Quién me dirá ahora que tenga cuidado?

Esta salida, este movimiento silencioso del cuchillo
      la paciencia en realidad es un tipo de verdor.
Cuando llegue el monzón abrirá el anhelo de tus últimos
   años
en el atardecer que tiene el color de las cintas de caset
en tu terraza que ya ha perdido sus formas
alguna partitura antes de partir.

En la tarde lluviosa levanto la cabeza
sé que contigo puedo hablar sobre la armonía compleja.
Yo siempre te había negado
siempre he deseado que salieras de mi habitación.
Creo que sabías que se cumplía tu ciclo
por eso habrás permitido que el poder
de la música desuelle tu desaparición.

Creo que lo mejor sería salir de aquí.
Cada vez que toco un trozo de carne
desaparece el camino que hace un rato estaba vivo.

Quizás me dirías es el momento
en el que la religión se adueña de todo.
Siempre pensabas en las semillas
un terreno que se podía sembrar
y justo después se anudaba todo.
¿Por qué inclinabas la cabeza entonces?
¿Por qué escuchabas el parte del tiempo con tanta
    concentración?
¿Será fácil cambiar el siglo en el calendario
        sobre todo el que llevaba la foto de un felino?

Aun así en mi sueño hay una máquina pesada
hay un palo seco detrás del pensamiento
        una sala grande con lunas
una lengua opaca y remota
una mariposa cuando tus dedos juegan con el pelo rizado.

Después llega la ausencia de libros.
Un túnel lleno de semanas.
Me libero pero vuelvo
con la mirada seca y con una bolsa llena de compra.
No hay tiempo para nada.

Veo agua en mi reloj lleno de cristales rotos.
Una nasa de bambú en la sangre.
Las historias diurnas se mezclan con el amarillo
    de *Khichuri*[1]
¿qué sé yo dónde encontrar la armonía en el pensamiento?

---

[1]   Un plato único de arroz con lentejas que se come especialmente en los
    días de lluvia.

Pero a la hora de hablar contigo
sólo recuerdo tu camisa de color blanco pajizo.
No es posible sembrar una tierra pálida cuando la sequía
    agrieta el campo
cuando el aire del mediodía es una columna de fuego.

Eres como el niño que en ese campo juega embriagado
    con la pelota
como el que sólo tiene una dirección.
Tus libros subrayados
son los que no te permitieron traicionarte.

El territorio es para ti una práctica de jaula y pájaros[2]
            una canción poética que se volvió blanca.
Bajo el suelo brillante de la casa de un amigo
            en su intimidad late el manglar oscuro.
Al atardecer alguien anunció que un grupo de pescadores
            furtivos no había regresado.

¿Has visto cómo se vacían los pueblos,
has visto este tiempo construido por ramas de cristal
este árbol hecho de polvo?

Entiendo que son lugares habitados por difuntos
            por la huella de su sangre
¿qué significa lo contemporáneo?
Yo observo, dentro de esas casas deshabitadas se crea
    un habla nueva
            algunos verbos sin predicado pegados al tono alto.
El susurro que resta después del último aullido:
¿llamamos somnoliento a eso?
No se ha roto ningún puente y por eso la armonía continúa

---

2   En el pensamiento popular de Bengala, el pájaro y la jaula simbolizan la
     vida y el cuerpo respectivamente.

sigue nuestra afinidad hacia los adjetivos.
Mi lenguaje ¿puede entender la rigidez
de un padre de mi edad que observa a su crío?

Buscábamos el cardamomo cuadrifoliado
        en un arbusto que es lluvia.
Encontrábamos el brote de bambú,
        llevábamos las manos rojizas de alergia.
Aún así existía una especie de fe –te quería dar esas tardes
        que trajinaba en mis manos y piernas
el yo bebé el yo niño hasta el yo adolescente– cuando de
    repente
tuvimos esa conversación sobre la primera eyaculación.

Entonces comenzó tu época de sordera.
La onda corta de la radio
no sólo hablaba de la caída de los muros,
también nosotros nos fuimos de la provincia roja.

Yo cruzaba la cuadrícula que tú creaste.
Todos los colores olían a canela.

Ahora regreso a la casa de color cardamomo y no huele
    a nada.
Sólo me siento seguro donde más gente respira.
Deseo encontrar algo menos trágico que el silencio
algo más que el cuerpo desnudo de la mujer en el vídeo
algo más que la masturbación.

Voy a escribir que cada lengua necesita un silencio
pienso que la gramática es un cementerio necesario.

El coloquio de cada día y este alfabeto desconocido,
esta deformación por el tacto metálico
        una tapa que cubre todo.

Hay una flor roja de algodón de India
hay hierba que crece al pie de la puerta pero nadie la pisa.
Hay un barrio pálido en medio de este juego de escenas
pero pisamos los pronombres con zapatos pesados.
Los adjetivos y sustantivos cubren toda la conversación:
¿también tenías eso?

¿Llegó diciembre de repente?
Una bicicleta que está al lado de una calle empedrada
se pierde entre un ocre intenso
pero sabemos cómo recolocarla en su país de hojas queridas.

Las canciones conocidas son una costumbre ¿verdad?
¿Por qué hay papeles en el oído?
Nadie más caminará, el rocío y noviembre
contarán sus latidos sobre la piedra falsa.
Mi cerebro es un mediodía
debajo de un cristal que lleva el color de la carne de
        mi mano.

Sabías que marzo era el triunfo de la religión sobre el pueblo
el mes en el que todos peregrinaban.
El mediodía era un carro cubierto de cortinas
todas las ventanas estaban cerradas por el calor.

La mujer muestra su intimidad.
El niño la toca.
El niño no sabía por qué quería ver su cuerpo entero.
En el desierto de marzo sólo se oía una melodía
una habitación de cristal delante del cuerpo
de una mujer de la edad de su joven madre.
Otra vez está el niño
otra vez hay una máscara para asustar el aire
el mediodía lo asfixia.

Hay un arrozal vacío
esta fue su última cosecha.
Levanto la frente.
No hay ningún paisaje grande
si alguien aplaude
no volarán las palomas.
Llueve cemento sobre el rocío
caen ladrillos sobre la lluvia.

(A MI MADRE)
[1952-2012]

I

Era una ausencia nublada.

En los callejones ciegos
salió el sol
            tras llover tres días seguidos.
El color de la miel de Neem[3] se difunde
en el agua.

Subiste a la terraza.
                El cubo y la ropa.
El sol dentro del agua enjabonada
        la plancha redonda y fría de tu cocina.

Esos mediodías se volvían columnas.
El juego de un niño se mezcla con la seda de la lluvia
las canicas bailan al son de las interferencias
la música de las películas llegaba entrecortada
en lejanas ondas.

Pero tu horno de gas se ponía azul.
Mandaba un plato metálico al cerebro.
¿Se verá el sol embriagado
en la boca redonda de la vasija?
La una y media de la tarde desaparece en el marrón
del pescado frito y la croqueta de berenjena.
Tu mano retira la ceniza de la cabeza del niño
sin temblar ni una sola vez.

---

3   Árbol autóctono de India con propiedades medicinales.

2

¿Por qué había tanta ceniza en el aire?
El mundo después de la borrasca
es el pie que se cortó con la concha rota
la fiebre que llega después de vacunarse.

De esta manera el niño doma la palabra "país".
No sé cuándo la parte desconocida de la casa
se volvió en el atlas un continente.

Los lunes perpetuos de no ir al colegio.
El niño respiraba con dificultad, solo podía observar
una serpiente que se movía en el jardín.

Tú le decías al niño "no hay que tener miedo
ni a los animales ni a los días pálidos".
Todo lo que crecía por sí mismo
era mediodía para ti.
El vendedor ambulante no llegaba
pero tú encontrabas en la nube
la ocasión de salir.

Tu espalda se encuentra contra
la pared de color blanco.

VIII

El Presente

[2020]

1

Nuestro febrero tiene un tipo de fulgor
un relámpago repentino
    un bosque denso
el trueno y el horizonte
el río de la meseta tropical y su imposible nieve
Desde una toma aérea
se ve el puente
la carretera indispensable

No se puede desarraigar una casa
o la erosión de la ribera

Así permanece la sintaxis
sea en la lengua que sea
la paz violenta del bosque
en el camino hacia casa

Sabemos del gato y su Presente
    por sus rasguños
Así encontraremos el hogar

2

La espera es como un oráculo

Cada lengua debe ser natural
parecida a una hilera de hormigas
cada palabra es un sustituto
aún así pensamos que la comunicación
    es una posibilidad

Cada encuentro nos desencanta un poco más
Retrocedemos al igual que el destello
    que produce el guijarro contra la roca

Al volver cada calle se nos cerraba
Los días de lluvia nos llevaron hacia el río
Junto a los ídolos que aún quedan
            por sumergir y su Presente[1]

3

El deseo corrompe la sintaxis
Los libros dispersos y el cuerpo de verano
en una habitación oscura
como el ovillo y el gatito

Aún queda la cautela un poco de miedo
igual que ese demorarse en creer
que la poesía no tiene nada social

Pero tenemos que aceptar
que el misterio es conflictivo
las palabras se retuercen

Muy lejos de cualquier sonido o su grito
            en el Presente
el meteoro y un aire convulso
entre el brillo el espejo
y la trenza de mercurio

llueve la ceniza

4

El helecho arborescente
siempre me recuerda a los dinosaurios
Me da escalofrío pensar que algún ancestro suyo
vio al animal gigante bajo la luz amarillenta

---

[1]   Después de terminar cualquier festival de la religión hindú, se sumerge el ídolo de barro, que se utilizó en ese festival, en el río.

Este énfasis sobre el verbo *ver*
es antropocéntrico del Presente

Pero cualquier niño de este pueblo montañés
sabe que la roca y el hongo son de los bichos

Nunca nos encontramos bajo
el carmesí de los insectos
No se formó ningún silencio
que no fuera humano

Sólo el tiempo agrietado trajo
la visión compuesta

5

Pero yo vi florecer el bambú[2]
Llevo la pálida raíz de Kadamba[3]
en las venas

Nada sirve para el mundo
con este conocimiento claro
el Presente del mediodía tropical
que trepa hacia el estanque de tierra

6

En realidad cada época es impotente
Cuando todo se vuelve una crónica del pasado
no debemos pensar qué dirección toma la poesía

También buscamos las casas de los poetas muertos
Identificamos viajes sin dirección desde esos puntos

---

2   El bambú florece una vez cada veinte o veinticinco años, y después
     mueren las plantas florecidas, lo que es un símbolo de muerte en la
     poesía oriental.
3   Kadamba es un árbol corpulento que florece en los meses de monzón.

Los pájaros pequeños que intentan volar
fuera del dominio de la lluvia

El deseo de seguir juntos es
esa terquedad de volar
y su Presente

7

Cuando las protestas nos rodean
intentamos medir el fruto seco
y quieto de los años
con mercurio

Pensamos que se podrá invertir
el flujo hacia el pasado
Haremos máscaras para espantar el mediodía

En este país la muerte se relaciona
sólo con el agua y el fuego
así también su Presente
una clave más para estar cerca del estanque
          al atardecer

Pero llevamos el deseo secreto de ser el caudillo
de un país de juguetes
el dedo que controla hambre y terror

Paso a paso
Nos haremos muebles de aire

8

Es como si las avispas hubiesen encontrado
un mango a medio comer

Hay un cadáver en esta escena
y una flauta al lado en un bolso de lienzo

Hemos empezado a construir un Coloso
y crear su Presente

En la geometría del cruce de caminos
se ven nuevos negocios

En el color veraniego del atardecer
nos convertimos en la sombra[4] ácida

¿Por qué nuestro silencio
no puede romper el cráneo del instante?

9

Como si un recién nacido quisiera volver
a vientres de miles de madres
Como si una madre reciente buscara en el bosque
el lodo donde enterrar su placenta

Como si la huella de animales pesados
sobre el fango desapareciera
con la rapidez sedosa de un sueño

Así el dolor corporal la vejez
nos aparta de lo social
y su Presente

Llega la luz fuerte se posa sobre la ceguera
el silencio absoluto después de alguna masacre
en el oído del sordo de nacimiento

---

4   La sombra es un sustantivo positivo. En un país cálido como India, es
     un refugio.

Sí quería que existiera una marca de agua
en la partitura de la tarde
de granizo de tormenta
sobre el espejo de la lluvia

Sí quería que viniera una noche para estar
dentro de cada deseo
para huir del país

10

Todo termina incluso el cambio
La razón de la búsqueda errónea
encontró la geometría del fuego en cada atlas
el polvo de metal en cada beso

A nadie le gustan las restricciones
aún así volvemos a la lengua
que nos recuerda que *benjamín*
también puede ser adjetivo

De esta manera los insectos que cosían la luz
picaron la enhiesta tela del Presente
gastada por la sombra

11

Los niños fugaces rompen el silencio
El Presente es una flecha de pluma
que nos curará penetrando el fuego

La lengua materna de la combustión
es la crepitación
siempre lleva el color hueso de la infancia

12

En el templo abandonado
cada peldaño está escondido
bajo el arbusto de la sintaxis compleja

El Presente tiene el color
de la especie extinta de algún insecto

La luz es el surtidor de la geometría

13

El Presente desaparece lentamente
como una queja cotidiana
impide decir algo verosímil

14

El camino de vuelta es resbaladizo

Nunca me vi en un sueño
ahora en este delirio que tiene
el color del asfalto mojado
se refleja la luz de la ambulancia
que surcaba el camino hacia el hospital

El Presente eres tú
que estás en el otro lado de la puerta
de mi grito húmedo en la sala
separada de los apestados

15

Se desecó el grito
El corazón del insecto

La queja es sólo un trozo de papel
que podríamos quemar

Hubiera quedado un signo de esa chamusquina
sobre la piel de la imaginación

El miedo nos detiene
El Presente es la fiebre
del día en el que mudamos de casa la náusea

Pero nos consolamos siempre
diciendo que
hicimos todo lo que se podía hacer

16

La ira me contiene
como la luz matinal en el espejo sin azogue
Tan pegajoso que si cayeran pájaros quedarían
atrapados en su Presente

Pero teníamos los apodos fáciles
teníamos algo más de tiempo
Solo ese pensamiento que retroceder no tenía sentido
nos trajo hasta esta pared blanca
de la casa sin patio
donde las palomas abandonan su asco

17

¿Por qué tiene uno que salir?
Envidiamos a los poetas
que tienen una sola ciudad
y su Presente
es robusto como un árbol
que devora la luz

La vuelta siempre es un tres en línea
en la geometría del fuego

La crepitación de la sombra
crea la distancia
una enfermedad contagiosa

18

No te he podido mostrar un campo en pleno verano
Su polvo el singular dios de los dioses
La caída repentina de alguna hoja seca
El Presente es
esa sombra de color ácido
que alza todo
incluso la espuma venenosa de algún hongo
Entiendo que es mejor distanciarse
al igual que los gansos de sus predadores
de nuestra sintaxis del estupor

19

La gente de las ciudades pequeñas
siempre tiene prisa para volver a casa
Son como las tardes del monzón
una baraja de cartas es el cielo

Tras subir la escalera rápidamente
la circulación sanguínea irriga los pulmones
celosia cristata

advirtiendo que los amigos
y el Presente
se están convirtiendo en
una diana en el calendario de sombra
donde cada mes está flechado con fuego

20

La autobiografía pierde sentido
si uno no nace en una época histórica

Nuestras posibilidades se mecen
sobre la roca vuelta sombra
El ave cazadora sabe dónde buscar la carne

Nuestra caída es rápida
hiriendo la piel errónea
abriendo la vista y su Presente

IX

DISECCIONAR AL PADRE

[2022]

I

El lecho de muerte del padre es para mí
el tiempo de leer a Alok Sarkar[1] en el pabellón del cáncer
nuestros *juegos gradualmente palidecían*[2]
los ojos absolutos que señalan la muerte están despiertos
entre el polvo la luz rojiza y las hojas que a nadie pertenecen

La integridad de mi lenguaje es la disección del padre
Es una imagen que disfruta
empujando al hijo hacia el ataque inesperado

La generación que ha visto alguna guerra
no entiende la importancia del espejo
Tu austeridad destruye mi balón
y mi juguete destruye tu severidad

La luz sin interrupción tiene una monotonía
también existe en el dolor corporal

Alok Sarkar escribió *la hybris nunca es deseable*
yo pienso en cómo podemos diseccionarnos
el cuerpo el uno al otro

¿Cuánto tiempo tardará la grasa de nuestro cadáver
en volverse tan amarilla como el sol?
¿Al diseccionar el cerebro se descubrirá el analgésico diario?

El tiempo es una mariposa nocturna
sobre una bombilla de 60 vatios
la luz amarilla de las nueve en la noche tropical

Ruego que cierren la boca de mi cadáver

---

[1]   Un poeta bengalí de la década de 1950.
[2]   Verso de Alok Sarkar.

2

Cada día veo a mi padre alimentando a los peces
cortando la carne de mi sombra
El pescado nutrido con sombra
alegra nuestro almuerzo

Así como Alok Sarkar no encontró *alegría al acercarse*
   al pájaro
así en nuestros platos palpita lo pálido de mi carne
Alok Sarkar y su *tarde fácil* es incomprensiblemente
   silencioso
El atardecer enseña su dentadura pálida como una escama
en él está el trozo de mis días

Yo vi noviembre aplastándose en la disección del padre
en cada cena está mi carne
El amarillo de mi grasa es la luz del mediodía de noviembre

3

Cuando me descubrí delante del padre
como el insecto bajo la zarpa juguetona del gato
entonces pude integrar los ataques

La perspectiva de la disección del padre
corta el vacío horizontalmente
la tarde es vengativa como una silla de ruedas
el adolescente entra en esa tarde con los ojos toldados
   del idiota

Es el punto donde Alok Sarkar me hace enfrentar
el silencio cabizbajo del jazmín
Me rodea un fuego vacío
a veces se quema el vello corporal
me hace temblar el té del atardecer

4

Nos hemos cortado el falo
el uno al otro

Alok Sarkar escribió
la misericordia se transforma en un día

Con el cuchillo del onanismo
corto la carne de mi coraje
se la sirvo al padre en la cena

X

Lo ignoto

[2016-2020]

Frente a los insultos, cuántas veces habré pensado, tengo que partir; con arena en la lengua veo lo ignoto, en la caja cerrada de dos sílabas giro sin sentido

Cuando se levanta lo ignoto en esta ciudad de atardeceres lentos, solo el aroma del heliotropo inunda las calles como neuronas blancas, siembra un lenguaje desconocido en la lengua que se aplasta sobre el baniano, sobre la mugre de hilos que se atan a sus ramas para que los deseos se cumplan

Cuando se yergue lo ignoto las palabras que restan arrojaron violentamente una leña que ya se apaga, el cisco terco y escaso de alguna ceniza sigue volando sin conocerse

Y aún así, es a causa de lo ignoto por lo que la pierna poderosa de una campesina imprimió una mancha de plata, la de *angot* [1], sobre el suelo de la parada de autobús, en la boca del metro

Caminas escondiendo el asco, los automóviles lo ocupan todo a causa de lo ignoto, buscas un patio trasero cercado por alambre de púas, desde la mañana soportas un dolor de cabeza, quieres que sea flexible como el cuerpo de un gato pelirrojo

Cuando se yergue lo ignoto y se dispersa su color, lleva en su boca abierta el metal tranquilo y oxidado del hambre, nada deja a su paso, solo un enorme martillo, el intento de romper los músculos, de romperlo todo; yo me escondo en el polvo intensamente anímico, el deseo de escribir un rasguño y por última vez la gramática aristocrática con las mandíbulas rígidas

---

[1]   Anillo de pie.

La realidad aplastada ya no vale, nadie levanta la cabeza en esta senda erosionada, un estallido de personas, animales y mapas, la flecha brillante de lo ignoto está clavada sobre todas las puertas, sobre las ventanas, sobre los agujeros por los que entra la luz

Ya no se puede despertar a nadie, todo el mundo está en fila, los árboles de la avenida están adornados con utensilios, resuena el ruido, la copulación rutinaria y los deseos carnales quieren por lo menos llevar un pezón hacia las hojas caducas, quieren dejar la huella de una uña sobre cada lugar, aprendemos a respetar las normas sin preguntas, en la senda de arena se ve un constructo metálico, sobre el río una barca abandonada; toda esta imagen está cercada, cae la cera de lo ignoto sobre ella

Nuestro discurso lleno de microbios ha agrietado las últimas fechas de un calendario monstruoso; la vega y a su lado una noche paciente como la raíz áspera de un tubérculo: cada estrella es agua, su piel intocable; la puerta es un ritual innecesario, puesta en medio de la carretera sobrevive de alguna manera evitando los automóviles veloces

Entre conciliar el sueño y el despertar y otras rupturas
cuánto cuerpo había
fue solo un hábito
abandoné la forma y el alma
al lado de un puente mudo
este trozo silencioso tarde

Te quise mucho más de lo que se podría decir
existe una libertad mayor en la escritura
debido a lo ebrio o por la atracción del afuera

Te rompí en pedazos en aquel camino resbaladizo
te arrojé desde el muro de ladrillo
desde el asfalto hasta la solicitud
de una hipoteca nunca usada
La carne vuela siempre hacia la base
metálica de los calendarios

Este poema no tendrá sentido hasta que yo sea exterior a
su lenguaje, hasta que se sosieguen mis inquietudes y me
encuentre en un bosque en el que el tacto esté permitido,
hasta que pueda difundir la alegría del cigarrillo, aquel que
fumé con miedo en un quiosco, en esta carta manuscrita

Sí, hay que dejar así las palabras; cuando se yergue lo
ignoto rompe en pedazos la consciencia que hasta ahora
era la mía, se aferra a lo áspero, a la arena en mi lengua
rota por un beso negado, se aferra al crujido repentino de
pasos en la escalera

En serio hace años que un cuerpo femenino me llegó, hace
mucho que no puedo abandonar mi lengua con sabor a
ajo en lo áspero de un sexo de mujer, mi cuerpo peludo
continúa fijado en calendarios cuyas fechas se pierden,
lanzo la pelota metálica de la masturbación para que
ruede sobre mi perpetuo cansancio

Bajan trozos de carne
los animales se agrupan
atraídos por el olor y la codicia de lo eterno
Suena su coraje en agua turbia
Imagino su lomo de color atardecer
Y sus intestinos llenos de carne
y de promesas de nuestro mundo pop

Cuando lo ignoto se yergue
su aura se expande sobre nuestros arroyos y ríos
como si todos los árboles de las orillas fueran de cera
cuando presienten lo ignoto se esconden bajo las nubes
    monzónicas
las hojas y las frutas que no llegaron a constituirse
tocan el agua llena de carne
Pasa pesada la ola de animales acuáticos
reventados tras alimentarse de mentira

Me quedo dentro del olor de mi cuerpo callado, envuelto
en el placer de los últimos días del invierno, pongo
un mordisco suave y su saliva en la palma del instante,
sobre la lengua, sobre la piel dulce de los pezones, suena
la armonía de un contrabajo, las tardes mezcladas con
palomas y cúpulas de la arquitectura turca se deslizan, en
verdad no queda nada importante; la zarpa de los largos
suspiros del… con palabras y la sintaxis araña la arena que
llamamos tiempo

Que significa no poder ver ¿tal vez es el recuerdo de la
orilla de un estanque? Nada crece en los recuerdos, solo se
prolonga la sombra de lo perdido, un árbol de Kadamba[2]
y su posibilidad de florecer fuera de tiempo en primavera
fueron aplastado por lo ignoto

Así los días se convierten en puntos decimales en la
Historia, algunos agricultores se zambulleron en el agua,
jamás volvieron; algunos campesinos masticaron sus
propias lenguas, escuecen como espinas

---

2   Kadamba es un árbol corpulento que florece en los meses de monzón.

Simultáneo el día brilla y nos asombra, cae sobre las cubiertas de los libros que dejamos abiertas en el alféizar, no tenemos acceso a su lectura; sobre el papel amarillento se seca la cúrcuma de los días oraculares

Con nuestro magro cuerpo y barriga increíble, nuestras cópulas duran siete minutos, nuestros ojos traidores ven los anuncios, nuestras proposiciones amorosas se arrodillan, intentamos levantarnos, pero lo ignoto enciende de nuevo la radio, no hay noticias, sólo un túnel de canciones sin tregua, el tiempo enorme de la juventud con la cabeza baja y sin preguntas, esta mañana al salir de casa, la bombilla brillante de lo ignoto chupa la luz de nuestros cuerpos

Lo ignoto es un agujero
Es el fango adherido a la lengua
un tipo de ceguera
el modelo de un corazón hecho de barro
pulmones de red sintética

Lo ignoto es una suerte de sangre
y el túnel sublime que la transporta
aunque esté más allá de cualquier movimiento
Es el autótrofo y el heterótrofo
el intestino y su enfermedad
un tipo de tétano
y su curvatura clara
una velocidad que sale de los músculos
lo reconocemos como tartamudez

Por aquí los días no son ya tan oscuros, solo la multitud callada estalla en silencio al igual que una quemadura leve y nuestra voz no llega a ser un grito, queda atrapada en una tela muy fina como si esta época fuera un felino que perdió la destreza de la caza y ahora camina disperso, ahora lo ignoto no está

El lamento marino de la arena abandonada cubre todo lo que tenemos y de esta forma nacen algunos pájaros, su forma no es clara, beben el calostro del aura nocturna

Si se observa desde un avión
un río que fluye en el medio de un monte seco
parecerá que algo en él se quemó
o que es un papel fosforescente
Si se desciende en altura
se comprenderá la imposibilidad
de cruzar

Así octubre y su celebración religiosa no pueden compararse con un gran templo ni al religioso que dibuja rayas de ceniza en su frente, es más bien como un templo después de la liturgia. Cualquier ciudad pequeña es una caja cerrada llena de canciones populares: entro en el antiguo callejón, recuerdo sobre mi lengua el sabor del pastel de coco, me invade la inquietud, por aquí, arañando la calle, se esconde lo ignoto

Aquí comprendo que la civilización antigua es solo una cuestión de soberbia, un rechazo ya oxidado. Menguamos en la palidez del pan

Pero sabíamos cómo la cabeza se inclina ante las relaciones, se aplasta por falta de decisión, sabíamos cómo lo ignoto, con su paso de araña, estropearía las hojas caídas y el sueño embriagado de la *Dillenia indica*. Algunas personas serían capaces de ver que la luz despedida de la rueda de aluminio se fue hacia el bosque con abril y su viento, no se sabe si han regresado o no, pero uno confunde la sequía de la ribera y la flor blanca que vio en el sueño

El casi desconocido Dargah[3], del que nos separan setecientos años y que descubrimos en el medio de los rascacielos, el nombre del Pirbaba[4] o las letras del persa que ya no sabemos leer ¿querrán decirnos algo? Aquí está el festival que creó lo ignoto, la vena cubierta por la espiral de brillo eléctrico. Solo se oyen los fríos lamentos, son de los animales acuáticos de colores estáticos y antiguos, ellos nunca responderán las preguntas del sol

Esta forma de esconder la imparable violencia, la manera de azuzar el ataque desde la mañana, los rasguños perpetuos sobre la tierra seca; la dinastía o el polvo de los siglos avanzan hacia el minarete de fuego, alguien aconsejó buscar un pozo de sombra por aquí donde todo se hundió

Solo veo hombres a mi alrededor, y aunque no hay ni la menor evidencia de un arma de fuego sobre mi hombro, sigo intentando quitármela, frotando el hombro con los dedos

Hay una ausencia de mujeres que se expande sobre esta mirada. Así se queda la ceniza sobre el cielo al mediodía en los lugares desérticos

Por aquí aguarda lo ignoto, el silencio es un tipo de raíz aérea ya vieja, se sosiega como el sueño roto de un niño al

---

3   Santuario sufí.
4   Monje sufí.

escuchar el sonido de las joyas de la madre, no llevamos la cuenta de las cabezas aplastadas, lo ignoto rasca la arena con su zarpa quieta

¡Ay este país y su sistema arterial! Miles de matrimonios y los hijos de costumbre. Se llenan miles de semillas sembradas en el cuerpo. Esta molestia, este lodo de lombrices, los llevo dentro de mi boca

Avanzo sin dudar, tiemblan mis manos y piernas. En este país ruidoso, el sonido y la intensidad se pierden entre los pies. No se habla ni se escucha, solo crece una escena que devora todo tipo de impacto y mi poder de contraatacar. Toda posibilidad de comida y ropa cae rápidamente sobre la tela de escena, sobre el telón de un teatro como el campo delante de un niño caído de golpe. No es necesario tener excusa para levantarse en medio del aroma de la hierba seca, pero aun así no lo quiere no quiere hacerlo. Si preguntamos a las muchachas tullidas de piel oscura responderían que no tienen un gusto en particular en su entorno rural, para ellas limpiar o lavar también son actividades de placer

Y se descubriría el rostro herido, insultado, perdido en el ciclón o en el desarrollo sostenible, el rostro de un familiar vendido al que se le podrá robar, esclavizar y asesinar sin responder ante nadie

Lo ignoto vendrá desde aquí y pondrá su mano sobre nuestra cabeza, su presencia sombría nos hará olvidar este cuerpo complejo que hemos llamado ciudad. Una generosidad terca cuyo bullicio logró que nos levantásemos y saliésemos, alguien nos conduce como si fuésemos un reptil, un molusco, una araña, hacia una fosa común

Seguramente alguien me indicará que no es una expresión correcta, pero lo ignoto se adueñó de nuestro ser indefenso, el ojo que necesitaba una tregua nunca vio la celebración y, por eso, celebración y necesidad están unidos. No hay ninguna palabra, solo existe la escena y su ilusión sobre el horizonte, solo lo ignoto y su quietud que devora las fronteras

Ahora hay algunas burbujas metálicas delante de tu cuerpo y la mañana de color hibisco arde en la garganta ¿Qué esperas? ¿por qué lo soportas? Tu lengua materna o más bien la casa y estas palabras y sus sonidos regresarán a su oralidad del origen... miles de personas esparcirán el polvo de arroz sobre una tela pálida de esperanza en la divinidad. ¿Con qué vivirías tú? Lo profano que cebaste dentro de ti es el brillante reino de lo todobueno en un túnel que es lo ignoto. Empiezas a entender el hábito y su rasguño, piensa otra vez cómo te pudiste alejar de todo aquello, levántate y siembra la inseguridad de la mina antipersonal dentro de la estructura establecida del idioma

¿Cuánta realidad aguantamos? ¿el hombre que fue cortado en pedazos nada más salir a comprar carne o la seguridad pintoresca de la vivencia urbana?

Hacia dónde irás, es el mensaje que llegó de cualquier o de ninguna parte y dice "miedo es oír a un hombre suplicar que le perdonen la vida y un balazo después de eso". A pesar de todo salimos a la calle, detrás del pensamiento que se inflamó tras tragar los consignas políticas sólo está tu muerte todavía... ¿En la calle tan amarga, cómo medir la mañana?

Hemos resuelto el misterio del vuelo tras disecar, al igual que la estrella vacía dentro del cerebro, al igual que la realidad palpable que está dispersa tras comprender que la estrella es el singular origen... colocamos máscaras metálicas sobre la destrucción del idioma

Mi ojo es un territorio grande, mi vista no tiene párpados, la realidad es la realidad, es lo cotidiano usado, allí el color biológico, allí donde la sangre sube a la superficie del mar frío

Pienso en la posibilidad divina de las letras ¿la versión que construimos es solo nuestra? En mi sangre respira un caballo agotado, nuestros ojos se mueven desde el ojo que te ve hasta el reflejo; colocadas, semanas apestadas de espejos, ¿a qué llamamos imagen a distancia?

Los días en cautiverio, el día que entra en el otro tras romper la cáscara en el calendario, en la caja vacía del sonido nunca oído vive el año que se llama: la semana entre la paciencia y el silencio, ahí se seca la mancha de sangre, el cubo en el que se deposita el residuo una vez que en la carnicería me han desplumado de todo mi miedo

Llega un ataque repentino, más tarde pensaré en la defensa y en la estrategia; en cualquier momento acecha la monotonía y su cara tapada, mis intentos fallidos de salirme de todo eso, los de no poder sentarme recto, lo que es onírico, una autopista sin coches pasa por allí y yo soy un espectador sin destino, una caja llena de luz solar. Me pregunto ¿quién la encontrará?, ¿hasta dónde se puede huir de los días, de aquello que ofreció su flor a la necromancia? La llamada de la noche y sus amuletos no están al alcance del paralítico, allí donde nuestro pasado junto con sus signos de puntuación fluye hacia el nacimiento de un río de montaña

Huir se queda aquí, el no-descanso te busca, no es ni la herida ni su cura; ¿te encuentra? ¿le queda algo que decir? ¿lo conoces?

Este callejón mal iluminado dentro del mundo de otras lenguas, esta escalera entre la llovizna y la luz amarillenta que se levanta desde la bombilla, el escalofrío de las ciudades pequeñas... allí se juntan las frases incompletas, las respiraciones cortadas

La ribera que se rompe violentamente crea el imaginario y los ídolos de nuestra lengua, cada río lleva el nombre de su exaltación ¿Cómo puedo quedarme abatido ante este mundo? En una primavera corroída por el verano, y bajo una luz de leche condensada, cada calle te encuentra, tú sabes cómo huir, pero, aun así, el camino serpentea hacia la vieja escalera de hierro. La ideología es un límite, es el olor de la hierba que entra en tu nariz cuando caes y te golpeas en el campo, quizás tengas sangre en los labios. Solo tendríamos que saber cómo atraer al olvido... el único poder cuyo calor seca cada instrucción de rebeldía

Este es el lugar en el que termina toda salida, aquí y ante mis ojos se magnifica el alfabeto. La norma que no intentamos conocer y que se denomina gramática, allí se queda como un hábito. Ese es el lugar en el que abandoné toda posibilidad de lucha armada. Ese es el lugar en el que somos peones. Somos la masa que hereda la herida, el herir... la masa que olvida que el miedo es un juego igual que cuando nombramos dulcemente un animal venenoso como "Tritón", es el juego que juega con nosotros el diccionario en el día a día

Ya no sigues este pañuelo que te estrangula que es la ira, no hay retórica ni joya que valga, todo intento de brillar ha fracasado... lo sabes y callas y velas y el silencio lo inunda todo; te rodea la jerga cárnica de la casa

Aquí se libera el entorno de la carne bajo la presión del pétalo negro y grueso de lo ignoto... el agua olvidada del pozo le da vuelta a la palidez de los días... mi capacidad ya no es una palabra, mi osadía ya no se manifiesta en ningún lugar, todo se queda adherido a este latido flaco; me curvo violentamente ebrio, hay espinas muy finas sobre mi lengua, no me permiten escribir esta tarde que insiste en salir, que insiste en el deseo de la destrucción. Sobre cada pañuelo de seda se dibuja el incendio de lo ignoto

Aquí quiero indagar la identidad de la palabra grandeza, el porqué de mi lengua masturbatoria, el porqué de los hombres y de las mujeres que se alienan en lo divino; la víscera ardiente de la peregrinación se yergue en cada monzón

Aquí se hace intensa la fisiología del espectador porque es el punto en donde el calendario se convierte en un proscenio, donde la viuda anciana dice entre sollozos "no encontraré al dios Krishna, lo sé, pero su música quedará conmigo". Ella retiró la máscara a lo ignoto y así por una vez, el funeral sin casta, la muerte anónima habló

Esas esperas interminables, esas máscaras en la boca de
lo ignoto, la ausencia de significado brilla delante de lo
desconocido, allí marzo aguarda con su fauces abiertas;
allí donde mis dedos disminuyen intentan tocar algo,
allí donde se amontonan las letras de las canciones que
oíamos en la adolescencia, allí mi cuerpo se agacha y aun
así su sombra fluye sobre las mentiras que son verdad: allí
es África, el lugar en el que se encontró la curva defectuosa
del cráneo sapiens; allí India descubre la grieta en su
centro, allí lo ignoto ataca con su hoz quieta y afiliada

Hay gritos sin defensa
hay fuego sin muro
gritamos desde lejos
en las páginas de noticias
no hay ni polvo ni ceniza

Nunca podemos gritar
otra persona hablará por nosotros
nuestra curiosidad nunca
tendrá que contestar
las preguntas del sol

Llevamos la máscara
para espantar el viento
cada labio vivo inmóvil
hemos de plantar la bandera
de cada religión en la carne roja
del hombro de cada uno
el trabajo de la carne es la defensa de la lengua
lo hemos entendido gracias a la poesía

Hemos plantado la bandera
en nuestro cuerpo
la hora y la época de lo mortecino
no cambia nunca
el cadáver no tiene religión
si sus parientes se entristecen
encendemos el palo de la bandera

Cada revuelta necesita armas
nuestro diez significa su veinte
todas las pancartas deben dejarlo claro
aunque cada pared tiene dueño
allí donde se borran los símbolos del ayer
y cuando llegue mi tiempo
tendré que calcular muy bien
el número de huesos

Una vez superada la época
de los fusiles
hemos distribuido las hoces

La rivalidad está en mi cuerpo
la semilla de la rivalidad
está en tu cuerpo
Ningún camino es erróneo
daré prueba de esto plantando
alguna bandera en tu vientre

Estás vivo por el miedo que me tienes
¿Qué es el miedo? Esa fotografía de Vietnam
el guerrillero al que un yanqui apunta con su pistola
o matar para comer carne

Solo oigo llamar a la puerta
Los vecinos cierran las ventanas

gracias a la bandera se quema la cocina

Hay una piedra de color asombroso
un ojo intenso que carece de miedo
El geólogo encontrará
sobre la roca la presión de la montaña
registrará las curvas
El miedo es un hábito
que disfrutamos cuando el entorno es tranquilo

algunos amigos se asustan por nada
otros ven la geometría del humo
de mi inmensa minoría

una raza a la que se la conoce por ser pacifista

De qué sima salió el suspiro
qué luz llevaba el eco de esta estrella débil
qué flor de la noche se ensució con este color marrón
qué flor fragante trajo este vómito a la boca

El campesino que tiene los ojos como un tronco centenario
recién talado, las mujeres iletradas que se peregrinan, se
quedaron ahí, delante de mis ojos la mañana que estalla
frente a las ventanas; se abren una tras otra, es una
incitación. Mi vista se nubla, el aire es una lente opaca,
la mañana devora el parque que todavía existe frente al
palacio de justicia. El campesino no quiere hablar cara a
cara con nuestra fuga ornamental. Nos permitimos el lujo
de tener familia, pero cuando queremos separarnos no lo
hacemos, y así crece la uña secreta de la violencia, cada
músculo lleva con él la mancha y continúa hacia adelante
como un fósil. Se sabe que los músculos involuntarios
también tienen reflejos y extensiones. Quisimos hilar su

latido sobre su roja palidez, de esta forma crece la tarde. Quisimos decir que este juego de espinas no es nuestro

Cada necesidad es efímera, susurramos. Nos libera la enfermedad que padecemos a solas, pero este cuerpo ha dejado algún trozo, algún trozo de músculos involuntarios en el guante del cirujano. A cambio el sueño fluyó sobre la sangre, el cuerpo del miedo se liberó con una guerra dentro de la guerra. Cenamos rápido delante de la tele, manifestamos y declaramos en la calle que el capricho es un adolescente charlatán que no sabe aún el porqué de los besos. Así intoxica la lengua aquel que nunca comprendió que todo lo que es ribera es torre de ceniza

Cuando dios nacía en las canciones, ¿a qué le temía la imaginación? ¿A qué le temía en la hora de la peste? ¿Dónde estaba, en el origen, cuando pensábamos que cada música, cada palma de cedro de Himalaya que crecía hacia el cielo era una revelación divina? En esa curva de la lengua descubríamos la cartografía del lugar, pensábamos que el bengalí era nuestro. Nosotros, que éramos pescadores y tejedores, medíamos la distancia entre la lengua de los reyes y la fe en la ribera: nosotros los que extendimos el dibujo de la tela tejida de algodón sobre el río en el plenilunio, no pudimos distanciarnos de los artistas de la corte porque las canciones ardían y la corriente devora a los pueblos, aunque se alimenten de las cenizas de los cuerpos. El poder religioso se irguió como un elefante ante nuestros ojos; la gramática, cada signo de puntuación se parece a los templos y a las mezquitas, ¿cómo lo podremos borrar?

Escriban esto: la gramática impuesta a la lengua es el cuchillo clandestino de la casta sacerdotal. No escriban como los brahmanes, no como los imanes, ellos cortaron las palabras del habla común, las expulsaron de las páginas; aquellos trozos de papel blanco vuelan en el viento antes del ciclón, su sombra deja huella en el fango, reacción tras reacción, verbo y sustantivo; que su poesía seca se llene con los adjetivos de este mundo húmedo. ¿Hasta qué punto puede uno imaginarse desde fuera de uno mismo?; qué importa el imago en este calendario de lo ignoto, en él se derraman las fechas

Cada música lleva la mancha de sangre
cada calle y su dirección
las lenguas distintas se mezclan
al igual que la risa de las jóvenes bajo la lluvia
comenzó la nuestra
en el bosque seco de abril
en la familia lingüística
en el destello del polvo al atardecer
en las películas llenas de canciones interminables

Qué el viaje sea por las ruinas
del cuerpo adormecido
el cuerpo que se enluta por si
y busca transformarse en el fuego
de los dos mil años
el que quemó las universidades
los manuscritos de papiro
el contrabando de la música que resta

Ver nos vuelve tranquilos
En el atlas de la indiferencia
nace más sombra inquieta

la que intentamos sembrar
bajo la silueta del árbol deshojado
en el bosque abierto de la fe
aprendemos a no decir nada
a ser más tranquilos

De nuevo fluye la fragancia del arroz, fluye la cocción de
la harina de trigo, de la harina de garbanzo; el vapor
del agua se confunde con el dibujo floral de la pared de
barro, fluye la fragancia, sobre la pared se levanta un
caballo ebrio, fluye su relincho dentro de la vena ebria

Habría que evitar la narración, la retórica establecida y
buscar una construcción fácil como salida. Al igual que
el insecto atravesado por el alfiler que el coleccionista
exhibe, así la creencia que vive entre el ego y la poesía.
La distancia entre la agricultura y la industria la
recorre siempre un tren lleno de niños trabajadores.
Ignoramos los suburbios, en donde las casas se llenan
siempre de personas recién llegadas y la sintaxis del
polvo la traducimos cronológicamente. Nunca se
responde cada porqué, solo se sabe que las palabras
ordenadas de la mejor manera posible podrían llegar a
ser un poema. Nunca sabemos si de verdad existe algo
como una "conciencia de clase campesina", tampoco si
el grito común de miles de personas puede constituirse
en religión. He pensado mucho sobre la posibilidad de
salir de lo personal, si es posible o no lo es; he intentado
probar si algún sonido, reconocido como sagrado, me
puede traer alguna forma de libertad. Cada palabra es
inventada, cada gramática, cada léxico y al igual que
nosotros, se olvida

Comparece aquí la imaginación
El mar inodoro
Sobre la arena
la caricia de la brisa crea espigas
El trigo nuestro símbolo primero
Después domina la imago
que llamó muerte a las desapariciones
más tarde situó el mundo junto a lo ignoto
¿Cómo era el cerebro del primer ser humano
que pronunció la primera palabra?
¿Cómo fue nombrado cada objeto del entorno?
¿Por qué buscamos el significado?
Vuelvo hacia el sonido y su átomo
El morfema
Vuelvo hacia la playa en donde se escucha
el áspero ruido de las gaviotas
en donde se ve una camisa desteñida
salpicada y quemada bajo el sol
Pienso en el presente
en el día de hoy diez de diciembre
estoy en Delhi podría haber estado
en Madrid o en México
en la colonia Nápoles
ebrio de lo socioeconómico
Como el fonema no es suficiente
caminamos hacia las frases
aguardamos la caída de
la luz broncínea
sobre aquel invierno de música sufí
me hirió lo agresivo del argot de la calle

Como el morfema no es suficiente
fuimos hacia lo que hay de primordial en la música
El médico que regresa a la ciudad
después de largos años en el campo

Los obreros que vuelven a los pueblos sin cosecha
después de años en la ciudad
El cadáver que devuelve la plusvalía
Yo estoy debajo de un paso elevado
el fuego es aquí una familia sin techo
tiene el valor de una perra callejera
de un insecto y otros símbolos
aquellos no nombrados

En pocos minutos sonarán
cascos de caballos
sonarán esos siglos
con sus armas y sus antorchas
en el cuerpo
        en lo onírico

Oigo   los montes de Aravali romper junto al desierto, oigo rugir rocas y arena, oigo rugir tierra que jamás recibió una gota de lluvia y antes de desaparecer el destello de los rugidos arde la mirada

Pienso   en el fonema del sonido al arder, en el muro de gritos secos, los nombres de las víctimas, los anuncios que llevan su nombre y los fonemas de los nombres

Oigo   la pérdida del sentido ante el ruido compuesto del hambre, el morfema de cada conflicto armado

Oigo   bajar el Aravali, el desierto, el llano. El llanto y el vapor suspendidos en el aire que corre hacia el mar arábigo. Mi país, al que nunca pude satisfacer con mi idioma, baja todo golpeando el muro de gritos secos

Viene   lo ignoto y quiere morder la carne
jugosa del grito, quiere arrancar los músculos de cada
obstinación, dicta la fatwa para que nunca se terminen
nuestras películas

Veo   tintas sobre la pared, cada cambio es un
fósil en este país; veo la familia que es el fuego, el aroma
del arroz; el país entero es un muro de gritos húmedos

Descienden   los centros de las grandes
ciudades, su sintaxis de niebla, sus recuerdos de cineastas
alcohólicos, su blanca lengua extranjera, la manada de
animales y el cardumen de personas cansadas buscan sus
pulmones y la sal marina. Hace mucho tiempo que hemos
insertado ciertas partes del cuerpo en las letras de las
canciones, hemos entendido que cuando el corazón y el
hígado se mezclan con la mirada adecuada nace lo ignoto.
El juego que se da a través de los actores, el poder para
organizar los personajes se llama invierno. El movimiento
es el cine, cada ser humano habla allí con la voz de otro,
las letras húmedas, el petricor; queremos gritar y en la
garganta choca lo ignoto, es el rostro que se engrandece
oscureciendo la risa, el sistema circular crece como las
líneas del fango, el nudo de las calles en una megaurbe.
Nuestra lengua no tiene memoria

Oigo   los nombres de juegos coloridos, oigo
a toda la ciudad entre mi país y el tiempo. Las ciudades
crecen entre sus problemas erróneos como una flor
gigante de hierro. Oigo su florecer demoníaco, cada una
de sus partes son una maquinaria abandonada; se forma el
pedúnculo, el pétalo, el estambre, el receptáculo, el pistilo
y dentro de estas enormes máquinas florales respiran más
flores: ciudades metálicas. Oigo cómo crece un castillo

de pétalos cortando el monte seco en el desierto, en el pedículo quedan los estigmas de las fiestas que celebran la nueva cosecha, un cálculo inclusivo

Oigo   el sonido del caminar descalzo de los campesinos que salen de las aldeas, los enormes pistilos metálicos que son en realidad nuestras cabezas se mueven, pensando que empieza un año nuevo, este siglo aún no ha podido crear su identidad, tiemblan las manos a causa del frío. La ciudad que creció con escalofríos de hierro se llama la lengua, es un amanecer lentísimo, se irguió ignorando la niebla y la falta de tierra. Oigo el rostro de ese campesino, en realidad es un pistilo; la ciudad crece rodeándolo. La naturaleza del desierto se llena de flores cada atardecer y al salir la luna crecen pétalos fantasmagóricos, entre los pétalos el polvo de diferentes lenguas

Oigo   el desarraigo de las rocas, ciudades, calles. La rebelión de las aldeas campesinas y sus suspiros. Los milenios determinan cómo se cultiva la tierra; comprendemos cómo a través de la red neuronal viajan algunos impulsos que provocan la rebeldía. En los siglos de óxido la mano de humo ha destrozado los pétalos, con ellos ha construido una carretera y en ella florecen los templos. Oigo las puertas abriéndose en la mañana, se abren al escuchar el ruido de los cascos de caballos, se abren a las edades clásica, media y al final a todas las edades calcadas y hechas a la medida de Europa. Veo cómo la posibilidad de comunicarnos muere por la ausencia de una lengua

Oigo   desaparecer la geografía entera de mis lenguas antes de comprender la Historia. Veo que lo que me rodea es un jardín de flores de hierro. Lo circundan las fechas escritas en latín y las máximas escritas en pali

Veo   la diferencia que hay entre una ciudad y una urbe. Donde la ciudad despareció, con ella se perdieron los pasos humanos y se congelaron los relinchos en las calles empedradas, cayeron las murallas y crecen pétalos de hierro en su lugar

Veo   que nuestra sangre lleva el cristal de las fronteras ajenas, aceptamos el color, el cansancio de las ciudades que fluyen sobre las urbes, sobre sus siglos obsoletos. Oigo el desarraigo de mi fe, la velocidad pesada de la sangre, las notas que escribo, mi pasión por las letras

Veo   el óxido de las placas con sus nombres obsoletos, toda la calle está llena de bobinas abiertas, son películas que explican códigos muy antiguos. Todo, atascado en la placenta abandonada del milenio

Si   dije: a pesar de la carne jugosa y amarilla del mediodía en el desierto, salgan a las calles inundadas por el argot de la campesina que fulge como color plenilunio, entiendan que estamos dentro del bostezo de lo ignoto: debemos reconocer la geometría de la niebla, nuestra propuesta de paz. Nuestra mirada busca puntos de referencia y la gramática escrita por los ancestros, pero los ancestros fueron asesinos. El lomo de la noche lo cubre todo aquí, cada objeto que usamos, cada diccionario, cada almanaque, sus palabras y cifras antiguas, la alegría y la Venganza perpetua de la Historia. Aquí abandono nuestra mañana convulsa, el olor a óxido del barco calcinado por los relámpagos del trópico

Índice

Este libro se terminó de imprimir
en mayo de 2025

RIL® editores • España

europa@rileditores.com

Se utilizó tecnología de última generación que reduce
el impacto medioambiental, pues ocupa estrictamente el
papel necesario para su producción, y se aplicaron altos
estándares para la gestión y reciclaje de desechos en
toda la cadena de producción.